PRÉFACE

Dans ce recueil intitulé "88 citations de Frida Kahlo", nous plongeons au cœur de la pensée d'une des artistes les plus influentes et inspirantes du XXe siècle. Ces citations, soigneusement sélectionnées, offrent un aperçu unique de l'esprit de Frida Kahlo, une femme connue pour sa force, son originalité et sa capacité à transformer la douleur en beauté. Chaque mot résonne avec l'intensité de ses expériences, reflétant les thèmes profonds de l'amour, de la souffrance, de la résilience et de l'émancipation. Frida Kahlo ne se contentait pas de peindre : elle vivait avec une authenticité et une passion qui continuent d'inspirer. Ce livre est un hommage à son esprit indomptable, une fenêtre ouverte sur l'âme d'une artiste dont l'héritage dépasse les frontières de son art.

1

„Je suis la seule expérience
que je dois étudier.“

2

„J'ai subi deux accidents graves dans ma vie, l'un où un tramway m'a heurtée, l'autre Diego."

3

„Rien n'est absolument noir.“

4

„La douleur, le plaisir et la mort ne sont rien d'autre que des processus de l'existence.“

5

„Ils pensent que je suis une surréaliste, mais je ne le suis pas. Je n'ai jamais peint de rêves. Je peins ma propre réalité."

6

„Je suis mon propre musée.“

7

„Je bois pour oublier, mais maintenant je ne me souviens que de toi."

8

„Je laisse libre cours à mes sentiments et à ma passion, et je fais tout avec amour."

9

„Le plus important pour un artiste est de travailler; le reste est une affaire secondaire.“

10

„J'espère que la sortie est joyeuse – et j'espère ne jamais revenir."

11

„Je veux être digne de la douleur."

12

„Ils me disent que je suis une artiste, je ne comprends pas ce qu'ils veulent dire."

13

„Je me peins parce que je suis
souvent seule et que je suis le
sujet que je connais le mieux.“

14

„J'ai essayé de noyer mes douleurs, mais elles ont appris à nager."

15

„La beauté et la laideur sont une illusion.“

16

„Le plus ridicule est que les médecins m'appellent 'le patient' et ne comprennent pas que je suis un artiste.“

17

„La vie est une farce si l'on ne peut pas rire de la douleur."

18

„Je suis née pour être une artiste, pour marcher sur une corde raide.“

19

„L'amour est une chose incroyable, mais c'est aussi plein de complications.“

20

„La peinture complète ma vie.“

21

„Je suis mon propre modèle. Je
suis la personne que je connais
le mieux. Je suis la personne
que je veux mieux connaître.“

22

„Il n'y a rien de plus précieux
que la solitude."

23

„L'art, c'est ma vie et ma vie est art.“

24

„J'ai deux gros accidents dans ma vie, Diego et le tramway. Diego a été de loin le pire.“

25

„Le médecin est le meilleur artiste."

26

„Chaque (tic-tac) est un second de vie qui passe, fuit, et ne se répète pas. Et il y a en elle tant d'intensité, tant d'intérêt, qu'il ne faut qu'être problématique et femme pour sentir la cruauté de cette."

27

„La couleur de ma peau est la couleur de la terre.“

28

„Mon docteur est mon idole.“

29

„Peindre est la plus grande
thérapie.“

30

„Je me souviens des choses
que j'aimerais oublier."

31

„Chaque fois que vous me peignez, vous devez toujours me peindre avec des oiseaux.“

32

„Je suis une femme qui a subi beaucoup.“

33

„L'art est long, la vie est courte."

34

„Je ne suis pas malade. Je suis brisée. Mais je suis heureuse de vivre tant que je le peux peindre."

35

„Je vis ma vie à travers mes
peintures.“

36

„Je suis l'amoureuse de la vie."

37

„Les pieds, à quoi servent-ils si
j'ai des ailes pour voler?"

38

„La tragédie est le plus ridicule
de tout."

39

„Je crois que les seuls moments où l'on peut vivre pleinement sont ceux qu'on peint.“

40

„Il n'y a rien de plus précieux
que la rire."

41

„Je suis la grande blessure, la grande malade.“

42

„Peindre, c'est comme un acte d'accouchement.“

43

„Je peins des autoportraits
parce que je suis la personne
que je connais le mieux.“

44

„Je ne suis pas une femme qui pleure."

45

„Les révolutions sont faites
par deux sortes de personnes :
ceux qui les conçoivent et
ceux qui les exécutent.“

46

„J'ai souffert beaucoup. Mais je m'entends bien avec ma douleur."

47

„La joie de vivre est contagieuse.“

48

„Je suis le reflet de ce que je peins."

49

„Mon art traverse les murs et
les frontières.“

50

„Je suis une amoureuse de la vérité.“

51

„Le futur appartient à ceux qui croient en la beauté de leurs rêves.“

52

„Le but de l'artiste est de créer le beau. Qu'est-ce que le beau? C'est une question à laquelle il est plus facile de répondre qu'à la question, qu'est-ce que la vérité?"

53

„On peint ce que l'on veut, comme on le veut et où on le veut.“

54

„La vie est une combinaison de magie et de pâtes.“

55

„La douleur, le plaisir et la mort ne sont rien d'autre qu'un processus pour exister. La lutte révolutionnaire dans ce processus est un portail ouvert à l'intelligence.“

56

„Je suis ma propre muse, je suis le sujet que je connais le mieux.“

57

„Je ne peins pas des rêves, je peins ma propre vie.“

58

„Je ne peins pas des rêves, je peins ma réalité."

59

„Il y a toujours du soleil
derrière les nuages."

60

„La peinture remplit les espaces vides dans mon âme."

61

„L'amour de la nature est la consolation de la vie."

62

„Les couleurs sont mon obsession, ma joie, et mon tourment.“

63

„La vie est soit une aventure audacieuse, soit rien."

64

„J'aime la vie plus que jamais, je n'ai jamais ri autant, pleuré autant, ou été aussi triste."

65

„Je peins des fleurs pour que le monde ne soit pas privé de leur beauté.“

66

„Je suis le soleil qui brille, le jour, la lune qui éclaire la nuit, et la vie."

67

„La peinture est comme un ami qui ne te déçoit jamais.“

68

„Tienimi dentro di te, ti imploro.L'art est important, mais la vie est encore plus importante.“

69

„La nature est la meilleure enseignante.“

70

„Je suis un miroir de la nuit."

71

„Je suis libre, je suis une artiste.“

72

„La tristesse vole sur les ailes du temps."

73

„Le ciel est plein de rêves,
mais vous ne savez pas
comment les attraper."

74

„Je me suis donnée à toi corps
et âme."

75

„Je suis le feu qui brûle, la pluie qui pleure."

„La vérité est la meilleure toile.“

„Je suis la couleur de la terre,
du feu, de l'or."

„La création est une bataille, mais la bataille est une joie.“

79

„Je suis le vent qui respire, le jour qui se lève.“

80

„Je suis l'origine de ma propre force."

81

„Chaque pinceau est une histoire, chaque couleur est une émotion.“

82

„Je suis l'écho de l'ancien cri."

83

„Je suis la danse des couleurs."

84

„Je suis un oiseau qui chante
avec son cœur brisé."

85

„Je suis la lumière qui illumine l'obscurité.“

86

„Je suis l'histoire jamais racontée."

87

„Je suis le rêve qui ne meurt jamais."

88

„La passion est le moteur de l'art."